JOUER pour DEJOUER

Pierre Perreault

À l'intérieur du présent ouvrage,
le générique masculin est utilisé sans aucune discrimination,
uniquement dans le but d'alléger le texte.

© *JOUER POUR DÉJOUER*
Concept TOP NIVEAU
M. Pierre Perreault
782, Route 243
Racine (Québec) Canada
J0E 1Y0

Téléphone	(819) 826-6533
Télécopieur	(819) 826-6772
Courriel	info@topniveau.ca
Site Web	www.topniveau.ca

ISBN : 2-9807781-0-9

Dépôts légaux
Bibliothèque nationale du Québec, Montréal, 2002
Bibliothèque nationale du Canada, Ottawa, 2002

Imprimé au Canada
Éditions Transcontinental, division Métrolitho, Sherbrooke

Myriam

- Douce
- M'est modifier -
- Créative
- Belle personalité
- Dynamique -
- Perspicace.
- Créative.
- douce

Bravo !

À tous ceux et celles qui ont suivi
et qui suivront les ateliers
TOP NIVEAU.

À vous tous qui êtes ouverts aux changements
et qui désirez améliorer votre bien-être
et connaître l'enchantement d'une vie
pleine et heureuse.

Avant-propos

À l'école, je détestais les sports traditionnels. Lorsqu'il s'agissait de former des équipes, j'étais toujours choisi le dernier. Imaginez les frustrations d'un enfant qui était accepté dans les rangs par obligation.

Un jour, par hasard, si hasard existe, j'ai découvert les jeux coopératifs ou *new games* et c'est ainsi que j'ai commencé à jouer avec le pouvoir de la transformation. Quel soulagement pour moi d'apprendre que j'aimais jouer! Est-ce possible?

Grâce à mon directeur d'école qui a su reconnaître mon enthousiasme à animer autant les élèves du secondaire que le personnel de la polyvalente, j'ai eu l'occasion de profiter de nombreuses formations dirigées vers les jeux dits *new games* lorsque je suis devenu pédagogue. À la même époque, j'ai aussi fait fructifier mes aptitudes pour le théâtre et les arts du cirque par des voyages à l'étranger. Mon intérêt pour les relations humaines s'est alors accru en ajoutant de l'amour et de l'humour au quotidien.

Plus tard, j'ai fondé une compagnie d'organisation d'événements dans laquelle j'ai développé les valeurs du jeu coopératif. Ainsi, m'amuser sainement en permettant à d'autres de le faire devenait une excellente combinaison gagnante.

Les années passent et, sur ma route, une collègue de travail m'invite chez les Toastmaster International. Une autre porte s'ouvre : le jeu de la communication et de l'imagination en utilisant mon charisme. J'allais y rafler tous les trophées du meilleur orateur.

Et la belle aventure se continue. Le SPA Eastman croise ma destinée : une invitation à offrir régulièrement des ateliers-conférences en faisant découvrir par le jeu la meilleure façon d'avoir du plaisir dans la vie, à la maison, au travail.

Plusieurs années plus tard, les jeux coopératifs se transforment et mes ateliers-conférences prennent de plus en plus forme, surtout au niveau corporatif puisque de nombreux clients du SPA Eastman deviennent des participants privilégiés sachant reconnaître les besoins de leur milieu de travail *versus* le contenu et le pouvoir de mon approche.

C'est ainsi que l'enfant maladroit au jeu, que le pédagogue transformé en animateur, que le concepteur d'événements projetant la créativité à pleine capacité devient le communicateur-formateur et intervenant en relations humaines. J'ai réveillé l'enfant en moi afin de faire émerger au quotidien mes capacités d'émerveillement pour devenir plus heureux, plus joyeux et plus productif.

Il ne reste plus qu'un pas à franchir pour propager mon virus à travers la planète : communiquer ma philosophie, c'est-à-dire le plaisir dans la vie favorisant l'émergence du potentiel créatif. C'est ainsi que le concept des ateliers TOP NIVEAU prend vie.

Des milliers de personnes reconnaissent les bienfaits de la gymnastique et des plans de mise en forme pour s'entraîner et se garder en santé. Plein d'autres transformeront leur vie à travers mes exercices quotidiens du rire, de la gaieté, de la bonté envers les autres.

Mes ateliers-conférences présentent de nombreux trucs pour vivre pleinement de façon heureuse et ce livre vous apporte un coffre plein d'outils.

Les centaines de personnes de tous les milieux qui ont suivi mes ateliers-conférences savourent les bienfaits de l'utilisation de la joie, de la créativité et du positivisme dans leur vie. Comme je vous le mentionne souvent : je ne vous apprendrai rien, mais je vous encourage à la pratique régulière.

C'est un jeu, amusez-vous, ensoleillez votre vie afin qu'elle devienne merveilleuse. Choisissez votre vie!

Pierre Perreault

Les trois P

PLAISIR–PASSION–PERFORMANCE – Le plaisir génère la passion afin d'atteindre la performance, mais nous pourrions tout autant nous exprimer ainsi : la passion génère le plaisir afin d'atteindre la performance tellement les deux sentiments se rapprochent et deviennent synonymes.

Nous avons donc le choix et, en choisissant l'un, nous atteignons l'autre. Quelle merveille! Le plaisir devient l'alchimiste de la passion et vice-versa.

Nous revivons continuellement les mêmes attitudes avec le serveur au restaurant, le dentiste que nous consultons, le psychologue qui nous oriente. Nos comportements sont les maîtres d'oeuvre, les artisans du déroulement de notre quotidien et des buts que l'on poursuit.

Voilà donc la raison majeure, mon désir de propager mon virus, celui de partager des trucs pour vivre pleinement, intensément et passionnément, de *JOUER POUR DÉJOUER*.

> *Sans travail la vie pourrit, mais sans un travail*
> *sans âme, la vie étouffe et meurt.*
> – Albert Camus

Recettes faciles

Selon le *Petit Larousse*, la passion, c'est le mouvement impétueux de l'être vers ce qu'il désire. Le plaisir, c'est un état de contentement qui crée de la satisfaction, du bien-être. La performance, c'est une réussite remarquable, un exploit. Quel magnifique tableau éveillant l'harmonie, la joie, l'enthousiasme! Ce dynamisme débordant ne peut que produire d'excellents résultats.

Pour ce faire, persuadez-vous à faire ce que j'appelle le «kilomètre de plus». À chaque fois que vous faites votre kilomètre, vous vous sentez heureux, satisfait, la passion monte. C'est aussi ce kilomètre qui vous offre du plaisir par rapport au kilomètre parcouru. C'est aussi grâce à celui-ci que vous devenez plus performant.

Famille

☺ La vie trépidante vous amène souvent à vous nourrir du «prêt-à-manger» dit *fast food*, malgré cette situation, ne manquez pas de vous offrir le plaisir de cuisiner. Quelques fois par semaine, réalisez un repas savoureux qui embaume la maison de bonnes odeurs, qui réjouit la vue grâce à des plats bien présentés et qui régalent vos papilles.

☺ Faites-vous plaisir en décorant l'intérieur de votre résidence, tel un tableau installé sur ce mur dégarni, une plante verte dans votre salle à manger, une oeuvre d'art dans votre chambre à coucher. Que chaque objet devienne un investissement pour votre mieux-être, un plaisir pour vos sens!

☺ Découvrez ce qui vous plaît, vos passions, à l'intérieur de vos changements et faites des choix parmi ceux-ci : cuire votre propre pain si vous adorez cuisiner, décorer votre balcon si vous aimez l'horticulture, préparer un recueil de poèmes si vous prenez plaisir à écrire.

☺ Prenez du temps pour ce qui vous passionne.

ENTRE amis

☺ Lorsque vous rendez visite à vos proches, apportez des surprises telles des courges de votre potager, de délicieux biscuits chauds parmi vos meilleures recettes, une violette africaine dont vous êtes fière, des repousses de votre plante préférée, une pièce de bois que vous avez sculptée.

☺ Proposez votre aide selon vos capacités : une recherche sur Internet stimulante pour l'ami qui prépare un projet, des bras de plus lors d'un déménagement, un gardiennage qui permettra à l'autre de s'offrir un loisir, un plat à partager entre les bénévoles qui aident votre voisin.

Travail

☺ Montrez une image positive et joyeuse de vous-même.

☺ Offrez votre aide sans hésitation.

☺ Pensez à ajouter des «plus» comme une boisson lors de vos réunions, un mot gentil dans vos courriels et mémos, une phrase positive bien en vue dans vos soumissions, vos notes personnelles à l'intention d'un collègue ou sur le tableau d'affichage.

☺ Pour vos pairs, pensez à des attentions particulières, apportez une gâterie telle du sucre à la crème à l'heure de la pause et partagez votre recette, racontez des découvertes utiles que vous avez faites lors de vos voyages ou visites de boutiques.

☺ Donnez des encouragements.

 En rappel...

✔ Que ce soit à la maison, dans vos loisirs ou au travail, prenez conscience de votre environnement.

✔ En tout temps, souvenez-vous des trois P (plaisir, passion, performance) et faites le «kilomètre de plus» pour l'atteindre.

✔ Chérissez vos visions, mordez dans la vie à pleines dents, mettez-y de l'âme.

Le Super brise-glace

Que ce soit au travail ou dans la vie, le premier contact avec une personne est souvent mémorable. La qualité de nos relations familiales, de travail, d'affaires ou de loisir est d'une très grande importance. Quittons les sentiers battus et apprenons à transformer nos rencontres en découvertes.

Le Super brise-glace est la formule magique pour nous découvrir respectivement et mutuellement afin de mieux travailler ensemble, mieux nous amuser ensemble et améliorer la qualité de nos échanges. C'est par le jeu de la vie que nous pouvons toujours augmenter l'essence de toutes les rencontres sur le chemin que nous parcourons.

Que ce soit au travail, à la maison, entre amis ou lors d'une réunion familiale, prenons le temps de nous offrir des moments amusants qui changent nos relations futures. Prenons des instants rigolos pour nous apprivoiser.

En créant un contexte d'amour autour de soi,
l'être humain peut parvenir à améliorer son bien-être.
– Barry Neil Kaufman

Recettes faciles

On retient 10 % de ce qu'on lit, 20 % de ce qu'on entend, 30 % de ce qu'on voit et 90 % de ce qu'on vit. À partir de cette affirmation, les recettes qui suivent suggèrent des mises en situation, des exemples de faits vécus, des interactions avec les autres qui vont vous amener à briser la glace et à créer des relations plus chaleureuses.

Famille

☺ Lorsqu'une personne dramatise dans votre entourage, sortez votre nez de clown et riez-en. Ainsi, vous vous connaîtrez sous un autre jour, sous la forme de l'humour. Peut-être que, la première fois, cet exercice ne fonctionnera pas, mais persistez et la réussite suivra.

☺ Une fois par semaine, inscrivez à votre agenda un petit déjeuner en tête-à-tête avec l'être cher durant lequel vous vous permettez toutes les fantaisies, l'argenterie, la plus belle vaisselle, le bouquet de fleurs. Alimentez-vous de conversations chaleureuses, amoureuses et humoristiques.

☺ Inscrivez tous les membres de votre famille sur une feuille et faites une liste de ce que vous admirez en chacun. Déposez cette liste sur leur taie d'oreiller en guise d'une belle surprise. Quelle joie pour ces personnes de reconnaître votre appréciation!

☺ Choisissez un mur de la maison et installez-y des photos relatant des moments mémorables en présence de votre famille.

ENTRE amis

☺ N'ayez pas peur d'inventer des jeux lors de vos rencontres.

☺ Durant l'apéro, découvrez vos signes du zodiaque en tissant une toile d'araignée. Voici la technique :
1) Prenez une balle de laine.
2) Nommez votre signe du zodiaque et lancez la balle à un ami en tenant le bout de la laine.
3) L'ami, à son tour, annonce son signe du zodiaque.
4) Il lance la balle en retenant le fil et ainsi de suite.
Résultat : Une magnifique toile se forme et il sera amusant de regrouper les invités taureaux, gémeaux, etc. durant la soirée qui aura débuté par un brise-glace surprise et efficace.

☺ Pendant le repas, jouez à deux mensonges et une vérité. Voici la technique :
1) Chaque convive présente ses affirmations.
2) Tous doivent deviner laquelle des affirmations est la vraie.

B	I	N	G	O
Je préfère le froid.	J'ai des poissons rouges.	Mon sport préféré est le patinage.	Je mesure moins de cinq pieds.	Mon conjoint est taureau.
Je suis marié(e).	Je récite une phrase d'une fable de La Fontaine.	J'aime écouter la télévision.	J'ai trois enfants.	J'aime les chips aux cornichons.
Je connais une chanson de Ricky Martin et je la chante.	J'adore écrire.	GRATUIT	Je n'ai pas vu le film *Titanic*.	Je suis allergique aux noix.
J'aime les escargots.	Je possède une résidence en Estrie.	Je cherche désespérement l'âme soeur.	Je possède un chien husky.	Je suis natif(ve) des Laurentides.
J'ai peur des araignées.	J'ai déjà fait de la voile.	Je préfère le vin rouge.	J'ai un tatou.	Je suis verseau.

Résultat : C'est agréable de réaliser les talents de comédiens de chacun d'entre nous.

☺ Lors de vos rencontres, faites des photos, rédigez à l'endos un mot chaleureux et amusant à chacun. Ensuite, transformez les photos en cartes postales et faites-les parvenir par la poste.

Travail

☺ Préparez un questionnaire sur les goûts, les us et coutumes de vos collègues. Présentez-le sous forme de BINGO (voir exemple à la page précédente).

Durant la pause, amusez-vous à jouer, les gagnants se méritant des applaudissements ou un cadeau inattendu.

Résultat : Beaucoup de plaisir et de surprises!

☺ Loin des grandes théories, utilisez des ateliers et des séances de formation qui collent bien aux besoins de l'entreprise. Débutez par des sessions **brise-glace** afin que tous puissent se connaître de manière dynamique. Vous multipliez ainsi leurs forces jumelant plaisir et travail afin d'obtenir des résultats surprenants.

☺ À l'intérieur de votre département, faites le jeu de l'ange. Voici la technique :
1) Lors d'une réunion, pigez des noms.

Le jeu de l'ange,
porteur de bonheur.

Vos rendez-vous hebdomadaires :
les fleurs avant le pain.

2) Le nom que vous avez pigé est celui de la personne à qui vous devez faire plaisir sans que celle-ci ne sache de qui vient la charmante surprise. Attention, le but est de toujours faire plaisir à l'autre.

3) En début de semaine suivante, planifiez une occasion spéciale pour dévoiler l'ange de chacun.

Résultat : Réunion conviviale avec un brin d'humour et beaucoup de joie.

☺ Faites contrepoids au stress en resserrant les liens. Avez-vous déjà pensé à des récompenses telles des épreuves sportives sur votre terrain, des kiosques de crème glacée installés au sein de votre entreprise, une fête foraine pour la famille durant un week-end?

En rappel...

Le Super brise-glace :

✔ Vous apprend à mieux travailler ensemble.

✔ Revitalise.

✔ Offre une expérience de jeu et de fête.

✔ Vous procure des trucs pour travailler sérieusement sans vous prendre au sérieux.

✔ Apporte de la fantaisie lors de vos rencontres.

✔ Réchauffe l'atmosphère.

Le rire inhibiteur du stress

Le rire multiplie la joie. Le stress soustrait la joie de vivre.

Avez-vous remarqué lorsqu'une personne sourit, comment elle rayonne autour de vous? Le rire donne des ailes, le rire procure du carburant pour avancer dans la vie, le rire est contagieux. Rappelez-vous comment vous vous sentiez bien après vous être tordu de rire.

En 1939, les gens riaient en moyenne 19 minutes par jour par rapport à 6 minutes seulement en 1982. Et à peine plus de 4 minutes en 1990, mais aujourd'hui l'effet s'inverse enfin! Joie de retrouver le rire, la santé et le naturel! Comme toutes nos fonctions, le rire se rééduque, et c'est là un formidable espoir pour tous. (*Rire pour guérir*, Dr Christian Tal Schaller)

Si, un jour, vous voulez provoquer votre propre arrêt cardiaque, voici un bon moyen : prendre la résolution de ne plus rire. Quel désastre d'entendre si souvent autour de nous l'expression : je ne ris plus!

Trop de gens voient la vie en gris et manquent de passion, ils doivent mettre à leur programme des ateliers pour apprendre à rire qui les branchent sur les deux hémisphères de leur cerveau, puisque habituellement nous sommes connectés uniquement sur celui de gauche qui représente la logique.

Regardez les enfants, ils sont les seuls êtres humains à produire un rire parfait et c'est ce qui les rend aussi extraordinaires.

Le rire est vraiment le meilleur des antidotes au stress. Lorsque je sens le stress m'envahir, au lieu de pousser sur le bouton de la panique, je pousse sur le bouton du rire. De même, j'utilise l'humour et la caricature pour alléger l'atmosphère autour de moi lorsque je sens le stress qui monte chez les individus que je côtoie.

Ce n'est pas du jour au lendemain que j'y suis parvenu. C'est comme pour un jardin, l'humour se cultive et s'entretient.

À l'époque où j'étais enfant de choeur, sans en être conscient, j'ai influencé les religieuses par mes mimiques. Donc il y a un bon moment que je partage ma philosophie et mes méthodes. À chaque matin, au couvent des soeurs de la Providence, à la messe de six heures, je passais la patène et, réflexe d'enfant, je sortais la langue au moment où les religieuses pudiques ne le faisaient qu'à peine. MAGIQUE! Ça marchait et, au bout d'un moment, toutes les nonnes faisaient une «belle grimace».

J'ai continué à pratiquer et à cultiver l'humour. C'est surtout auprès de ma mère que je l'ai développé, puisque c'est elle qui me l'a inculqué.

Toute menue, elle avait un caractère à toute épreuve. Veuve, c'est elle qui veillait sur notre éducation. Parfois impatiente, elle nous administrait la fessée. Nous étions trois garçons à partager la même chambre et, pour ma part, je couchais au second étage du lit. Il fallait voir cette petite femme frapper et moi qui jouais la comédie en criant au martyr. Bien entendu, je m'amusais à exagérer puisque, essoufflée, elle réussissait à peine à m'effleurer, d'autant plus que trois épaisseurs de couvertures me protégeaient. À chaque fois, même scénario, mon jeu l'arrêtait et mes frères rigolaient en assistant à mes gémissements. Je les faisais rire et, par surcroît, j'obtenais la pitié de ma mère. C'est donc là que j'ai découvert que s'amuser et rire pouvaient avoir un effet de transformation, que j'avais *JOUÉ POUR DÉJOUER*.

Les statistiques réalisées auprès des femmes à travers le monde révèlent unanimement que la première qualité appréciée chez un homme est l'humour. Une fois de plus, l'importance de savoir rire.

L'homme pense, Dieu rit.
– Proverbe juif

Recettes faciles

Selon le docteur Christian Tal Schaller, auteur d'une étude sur les effets psychologiques, le rire est un stimulant psychique et un désintoxiquant moral. Son action sur le système parasympathique entraîne une prévention et une rééducation des effets nocifs du stress.

Famille

☺ Le matin, au lever, prenez cinq minutes pour vous regarder dans le miroir. Riez de vous, faites des grimaces et déridez-vous bien.

☺ À l'intérieur de votre quotidien, introduisez des éléments de surprises. Exemple, fabriquez-vous un cadre drôle et amusant et installez-le dans le hall d'entrée de votre maison. Ce peut être l'exécution d'un montage où tous les membres de votre famille sont coiffés d'un chapeau excentrique, une photo de tous portant un faux nez ou des accessoires rigolos.

☺ Transformez les objets usuels en objets drôles. Exemple, la pinte de lait devient un joli pot «petite vache», le plumeau conventionnel vous fera rire s'il est transformé en personnage amusant, la tasse *happy face* sur votre bureau de travail vous rend de belle humeur.

☺ Prenez l'habitude de visiter des boutiques de farces et attrapes en ayant toujours en tête une situation précise où votre achat déridera.

☺ Collectionnez des livres et des revues à saveur hilarante, humoristique et comique ainsi que des bandes dessinées.

ENTRE amis

☺ Formez un club du rire pour découvrir le plaisir de rire avec d'autres. Établissez des règlements afin de vous donner un code d'éthique visant le plaisir. Chaque fois qu'un membre est négatif, il doit payer une amende servant à créer un fonds à l'usage d'une activité commune.

☺ Apportez des cadeaux amusants lorsque vous êtes invité à un repas. Troquez l'éternelle bouteille de vin pour un objet décoratif esthétique et drôle. Exemple, petites souris servant à identifier les fromages, un serveur pour retenir la bouteille de vin, une petite école comme cabane d'oiseaux.

☺ Invitez vos amis ou vos collègues à des soirées juste pour rire durant lesquelles vous suggérerez des thèmes tels mascarade, meurtres et mystères où tous se déguiseront en personnages différents.

Chaque matin, devant votre miroir,
riez à pleines dents.

Les chapeaux drôles
lors de mascarades amusent.

Travail

☺ Au bureau, au lieu de faire parvenir le traditionnel avis de convocation à une réunion, faites-le en personne en vous déguisant, chapeau de mousquetaire, avis piqué à une épée, crieur.

☺ Fabriquez-vous une Boîte Magique remplie d'objets insolites ou inspirants comme un faux billet d'un million, une balle anti-stress, un livre miniature sur le rire, un sparadrap rieur que vous appliquerez si vous vous sentez blessé par une personne, une parole, un geste.

☺ LE RIRE, LE MEILLEUR DES MÉDICAMENTS GRATUITS! Faites circuler cette phrase sur des babillards, des signets, en vignette à votre photo, sur votre site Web, à tous ceux dont vous possédez l'adresse postale ou le courriel.

☺ Par la poste, ajoutez une bouteille de pilules dont l'étiquette porte la mention LE RIRE LE MEILLEUR DES MÉDICAMENTS GRATUITS! Prescription du docteur I.M. SOURIRE que j'ai entre autres envoyée lorsque j'ai lancé mon site Web. Dans le contenant, j'ai inséré des farces à propager. Sur l'enveloppe, j'ai inscrit la mention PLAISIR GARANTI!

☺ Sur les babillards, inscrivez des pensées amusantes.

☺ Servez-vous des courriels pour passer des messages drôles.

☺ Trouvez le moment approprié pour faire rire en dévoilant des objets inusités, exemple porter une boutonnière qui lance de l'eau, un macaron MONSIEUR SOURIRE, une cravate rigolote. Regardez le film *Toys*, Robin Williams en arbore de nombreux qui vous donneront des idées cocasses.

☺ Instaurez au cours de l'année des journées spéciales comme la «Journée du rire», celle «de l'humour». Profitez de Noël, de la Saint-Valentin, de l'Halloween pour demander à vos collègues de se déguiser.

En rappel...

✔ Utilisez des trucs pour parvenir à créer une portion d'humour lorsque le stress s'installe.

✔ Donnez-vous des moyens afin que les situations stressantes soient perçues sous une perspective nouvelle qui rendra votre vie plus agréable et votre travail plus efficace.

✔ Ne vous prenez pas au sérieux. Les spécialistes de la médecine préventive suggèrent de vivre une vie heureuse et palpitante.

Un babillard rempli de phrases positives
et d'humour change l'atmosphère au travail.

Montez sur votre piédestal
pour vous valoriser et vous stimuler.

L'estime de soi

À partir de l'affirmation qu'il faut s'aimer pour aimer les autres, vous devez travailler à devenir l'individu de vos rêves, celui ou celle que l'on chérit et félicite.

Lors de mes ateliers-conférences, je préconise l'ovation, celle que je nomme l'«Ovation monstre». Sauf chez les vedettes, il est extrêmement rare d'avoir le privilège d'une ovation, ces applaudissements à tout rompre. Plus encore, j'invite chaque participant à exiger une ovation à n'importe quel moment durant la session. On peut m'interrompe pour demander le privilège d'une ovation monstre. J'estime qu'il est d'une très grande importance que chacun vive la sensation d'être une vedette adulée au moins une fois dans sa vie, cet état qui pousse à son paroxysme l'idée d'être extrêmement important, le meilleur, le champion!

Il est surprenant de voir à quel point les participants à mes ateliers sont modestes et effacés au début. Les principes religieux d'autrefois abolissant l'orgueil sont encore si ancrés chez nous. Lorsque je propose des jeux nécessitant l'énumération de leurs qualités, les participants ont beaucoup de difficultés à s'en reconnaître.

Exemple, lors d'un exercice avec un accessoire assez rigolo, soit un rouleau de papier hygiénique, chaque joueur, sans connaître de prime abord le but de celle-ci, doit sélectionner à son gré, un nombre de carreaux de papier. Quand les participants ont en main les carreaux choisis, ils doivent alors se trouver des qualités, c'est-à-dire autant que le nombre de carreaux découpés. Bien entendu, l'aspect de l'accessoire déclenche le rire et c'est bien ainsi, car il fait oublier le fait que nous ayons tellement de difficulté à nous faire valoir, ce qui justifie bien que le rire est excellent pour l'estime de soi et la confiance.

Il est primordial de nous reconnaître et de reconnaître l'autre pour mieux cheminer sur la route de la réussite car, pour avoir du succès dans tout ce que nous entreprenons, il faut nous sentir forts, puissants, inspirants.

Osez vous valoriser et applaudissez tous ceux qui sont sur votre chemin : votre famille, vos amis, vos collègues de travail.

Faites-vous un devoir d'être son plus grand admirateur,
sa plus grande admiratrice,
en regardant au-delà de ses fautes
et de ses gaffes pour voir ses talents et ses triomphes.
– David et Anne Frahm

Recettes faciles

Parmi les jeux de la vie, celui de la mise en valeur de votre personne peut devenir très captivant. Imaginez un monde à l'intérieur duquel tous se réjouissent du succès des autres et de ce que l'autre possède. Imaginez un univers à l'intérieur duquel les échecs et les difficultés soient vite effacés et déjoués et que vous tournez tout simplement la page. Imaginez que tous deviennent conscients de leurs pensées, de leurs paroles et que chacune de ces pensées et de ces paroles génèrent la valorisation. Par rapport à ce que vous connaissez dans la vie de tous les jours, ce serait quasi le monde à l'envers. Commencez immédiatement à faire des efforts et à vérifier les résultats.

Famille

☺ Du lever au coucher, pensez toujours à vous honorer vous-même et à être fier de ce que vous êtes.

☺ Faites l'exercice de la feuille blanche (page 37) :
Perdant/gagnant
Peur/confiance
Haine/amour
Et ressentez le bien-être de la colonne de droite.

☺ Régulièrement, sincèrement, écrivez-vous pour dire combien vous êtes sensationnel, merveilleux, extraordinaire.

☺ Amusez-vous à gâter et à choyer chaque membre de votre famille pour les résultats positifs obtenus. Exemple, lorsque votre fils obtient une note supérieure à la moyenne, offrez-lui un billet pour assister à une joute de son sport favori avec vous.

☺ Faites-en autant si vous voulez stimuler votre fille à surmonter une difficulté : invitez-la au restaurant de son choix.

ENTRE amis

☺ N'hésitez pas à téléphoner à vos amis afin de leur offrir votre aide ou pour vous réjouir de leur succès.

☺ Prenez le temps d'écrire un mot à vos amis pour les féliciter d'une promotion.

Travail

☺ Intéressez-vous à vos pairs pour mieux les aider, les comprendre et les apprécier. Exemple, si vous travaillez dans le milieu hospitalier, lorsque vous vous rendez compte de la grande fatigue d'une consoeur, organisez un travail d'équipe pour l'aider.

La technique de la feuille blanche
pour négocier tous les choix de sa vie.

Honorez-vous dans le miroir!
Profitez des ovations!

Jouer pour déjouer

☺ Lors de vos rendez-vous, joignez le travail et l'intérêt envers votre collègue. Informez-vous de sa famille, supportez-le dans ses projets personnels. Vous apprendrez peut-être qu'il adore le thé, que ses enfants sont friands de Tintin. À la prochaine réunion, vous aurez acheté un Tintin pour ses enfants et vous aurez apporté deux bonnes tasses de thé chaud accompagnées de piroulines.

☺ Les mots savent toucher, osez les utiliser de manière valorisante. Exemple, votre maquillage vous va à ravir. Quel joli tailleur vous portez! Lors de la réunion, votre idée m'a vraiment inspiré, merci de votre humour durant la conférence qui m'a réconforté.

☺ Multipliez les ovations à toutes réussites. Vous avez déniché un important contrat grâce à la performance de Nicole, avertissez vos collègues, et lorsqu'elle se présentera au bureau, réservez-lui une entrée triomphale avec applaudissements, banderole réalisée à l'ordinateur portant l'inscription BRAVO NICOLE!

☺ Trouvez le mot juste pour encourager. Vous êtes le propriétaire d'une boutique, la vitrine de votre entreprise doit être décorée. Vous choisissez la personne que vous croyez la plus apte à faire ce travail, mais l'inspiration ne lui vient pas. Rendez-vous auprès de l'employé et mettez-le en confiance en le félicitant pour les couleurs choisies et profitez de l'occasion pour lui apporter un élément qui démarrera son décor sur un thème super éclaté accrocheur pour vos clients.

☺ Réjouissez-vous de vos succès et reconnaissez vos progrès et vos apprentissages rendus possibles à travers vos échecs.

 ## En rappel...

✔ Inscrivez-VOUS à l'agenda.

✔ Pensez du bien de vous-même et des autres.

✔ Les mots stimulent. Utilisez-les à bon escient pour vous-même et envers les autres autant verbalement que par écrit.

✔ Pensez à vos réussites. Il est essentiel de se rappeler les situations de notre vie qui ont été remplies de succès.

✔ Vos échecs demeurent des expériences positives, tirez-en parti au lieu de vous diminuer : pas de blâme, que des solutions.

✔ Apprenez à utiliser les applaudissements.

✔ Souffrir pour être heureux plus tard ne fonctionne jamais.

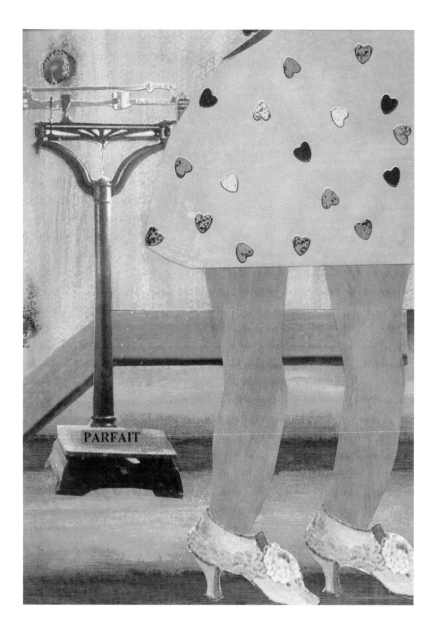

Nobody is perfect,
mais tout est parfait ainsi.

Ensoleillez votre vie
avec des pensées positives.

Jouer pour déjouer

Rendre le travail amusant

La mère de famille qui vaque aux travaux ménagers, le médecin et l'infirmière qui côtoient la mort à tous les jours, le fonctionnaire qui voit s'empiler les dossiers dont il ne connaît pas l'ABC, le président–directeur général d'une entreprise dont les réunions quotidiennes se multiplient ont tous et toutes un point en commun : ils doivent rendre leur travail amusant et intéressant s'ils ne veulent pas périr dans le processus «boulot-dodo», point, à la ligne.

Lors d'une promenade à l'intérieur d'un centre commercial conscientisez l'attitude du vendeur de chaussures : il vous convainc que vous avez beaux pieds. La pâtissière vous persuade de son gâteau comme étant le meilleur pour l'anniversaire de votre enfant. L'employé d'une grande surface répond à votre questionnement à propos de cette tondeuse aux qualités douteuses. Pourquoi l'un a-t-il la flamme allumée, ce que j'appelle «la lampe du sanctuaire allumée», et que l'autre brille par son indifférence, éteint dans ses réponses évasives et dont l'intérêt évident lui manque?

Si vous observez chacune de ces personnes, que ce soit le médecin ou la mère de famille, le vendeur ou le fonctionnaire, je vous parie que celui ou celle qui met le plus d'humour et d'amour dans sa vie sera celui ou celle dont la joie se reflétera le plus par son sourire, son engagement envers vous, sa bienfaisance et sa chaleur. Somme toute, c'est celui qui s'amuse le plus.

Oui, pour parvenir à une attitude positive au travail, pour aimer ce que l'on fait, pour devenir passionné, il faut être rigoureux et être vigilant afin d'obtenir le merveilleux résultat du bonheur au travail.

Un travailleur heureux et en santé au sein d'une entreprise novatrice est un travailleur plus productif. En conclusion : tout le monde en sort gagnant.

Le plaisir, c'est ce que j'appelle l'humour en action, et le rire qui l'accompagne est un merveilleux médicament à apporter au travail.
– Patch Adams, M.D.

Trucs TOP NIVEAU en vrac pour vivre centenaire

AMUSEZ-VOUS.

Soyez honnête et ouvert.

Voyez toujours le bon côté des choses.

Consacrez du temps aux vôtres.

Restez jeune de coeur.

Faites un jardin.

Soyez curieux.

Soyez vous-même.

Accordez du temps à votre compagnon ou compagne.

Relaxez dans votre baignoire.

Faites confiance aux autres.

Découvrez votre nature romantique.

Soyez optimiste.

Ne vous laissez pas abattre par les défaites.

Partagez.

Pardonnez à l'autre et à vous-même.

Gardez l'esprit vif.

Faites l'amour.

Riez souvent.

Voyagez.

Soyez positif.

Célébrez toutes les occasions.

Baignez-vous nu.

Écrivez aux amis.

Ne remettez rien à plus tard.

Détendez-vous.

Chassez vos soucis.

Donnez des câlins.

Gardez votre calme en tout temps.

Soyez sociable.

Entretenez vos amitiés.

Jouez.

Adoptez un animal de compagnie.

Régulièrement, offrez-vous des massages.

Faites de la marche rapide au centre commercial.

Gâtez-vous une fois par jour.

Souriez. Chantez.

Communiez avec la nature.

Nourissez les oiseaux.

Profitez de l'instant présent.

Essayez de nouvelles expériences.

Faites un gâteau au chocolat.

Écrivez des poèmes.

Conservez vos liens familiaux.

Sifflez en travaillant.

Soyez affectueux.

Ne vous reposez pas sur vos lauriers.

Lancez des défis.

Considérez que vous êtes heureux.

Soyez optimiste.

Cessez de vous en faire.

Acceptez ce que vous ne pouvez pas changer.

Ne prenez rien pour une certitude.

Lisez un bon livre tel

JOUER POUR DÉJOUER.

Générez des solutions.

Choisissez un travail que vous aimez.

Impliquez-vous dans la collectivité.

PRENEZ LE TEMPS DE VIVRE.

Recettes faciles

Rendre votre vie facile et votre travail amusant, c'est une tâche quotidienne, c'est un travail dédié à votre vie, mais c'est tellement gratifiant. Voilà ce qu'est la passion, celle dont vous avez besoin pour vivre.

Pour tous

☺ Servez-vous du pouvoir de votre imagination en croyant que vous êtes en vacances à tous les jours.

☺ Demeurez positif en évitant les personnes négatives.

☺ Pratiquez le jeu du TIC TAC TOE humain. Voici la technique :

1) Installez neuf chaises, en trois rangées de trois chaises.

2) Formez deux équipes de trois joueurs.

3) Chaque équipe porte des chapeaux de couleurs différentes. Par exemple, l'équipe des rouges et l'équipe des verts.

4) Jouez au TIC TAC TOE en vous déplaçant sans vous consulter. Bien entendu, ceux qui ne participent pas au jeu voient aisément comment former le TIC TAC TOE, mais les participants, eux, n'ont pas la même vision. Ce jeu aide à prendre conscience que nous n'avons jamais une vision complète de la vie et, qu'en aucun moment, nous

ne pouvons porter de jugements. Le but du jeu est de démontrer comme il est facile de critiquer lorsque je suis spectateur au lieu d'être joueur.

☺ J'ai inventé une petite boîte que je nomme l'*Apothicaire*. Cette drôle de pharmacie contient des pensées positives. Il faut voir la physionomie de chacun lorsqu'il pige sa phrase. Comment pouvons-nous nous sentir diminuer lorsque l'on découvre cette pensée : *Aujourd'hui, je suis une star internationale?* Comment pouvons-nous être de mauvaise humeur lorsqu'on lit à haute voix : *Je jongle avec la vie, je souris et je m'amuse?* Comment ne pas se sentir créatif lorsque l'on se rend coller sur le mur de la salle la citation : *Je crée une oeuvre d'art unique avec chacun de mes choix?*

☺ Dès vos premiers gestes du matin, entourez-vous de ces phrases positives. Ces exercices vous amèneront à reconnaître une foule de bonnes idées :

- Apposez une pensée de votre cru selon votre besoin à l'intérieur de votre sac de maquillage ou de votre étui à rasage.
- De temps à autre, portez des vêtements avec phrases valorisantes.
- Sur la route, vers le travail, remplissez-vous de positif en écoutant CD ou cassette de motivation.
- Sur les lieux du travail, affichez ces pensées sur le mur, sur votre bureau, sur votre coffre à outils ou ailleurs.
- Inscrivez des textes encourageants et des félicitations sur les babillards.

☺ Déléguez ou refusez des tâches que vous savez ne pas pouvoir mener à bien. Ainsi, vous vous sentirez plus décontracté.

☺ *Noboddy is perfect* alors, si je fais une erreur, je deviens bon joueur.

☺ Cherchez le bon côté des choses de la vie et laissez-vous aller à la détente.

☺ Chaque fois que vous le pouvez, ajoutez de la fraîcheur dans votre vie : des fleurs coupées, de bonnes odeurs, des fruits frais.

☺ Des souvenirs positifs sont propices à la relaxation. Laissez-vous aller à penser à de bons moments : une joie extrême lors de la naissance de votre enfant, des instants extraordinaires lors de vos vacances à la mer, une vive émotion à la vue d'un coucher de soleil.

☺ Échappez à la monotonie en créant des images mentales dynamiques de vous-même : enthousiaste, stimulé, motivateur.

☺ Découvrez en vous un acte créateur et, à chaque jour, régénérez-vous dans l'écriture, la danse, la méditation, les arts dramatiques.

☺ Cessez de dire **je dois** car, en pensées ou en paroles, ce verbe représente l'autorité. Remplacez-le par **j'aime faire, je le désire**. Ces formulations enlèvent la pression et rendent la vie plus agréable.

☺ Dorlotez-vous, ainsi le stress ne pourra plus vous pénétrer : un bon parfum, un fauteuil confortable, une photo de votre excursion de pêche, une plante verte, une bonne tisane, votre fromage préféré dans votre boîte à lunch accompagné d'un objet qui vous fera rire.

☺ Ne restez pas malheureux, parlez-en à vos proches, vos patrons, vos amis, ce qui vous allégera de vos soucis.

☺ Surtout OSEZ faire des changements et la vie vous supportera.

☺ Utilisez la feuille blanche divisée en deux (page 37) pour vous fixer des objectifs clairs en harmonie avec vos désirs de façon à changer des éléments dans votre vie. D'un côté, vous inscrivez ce qui ne vous plaît pas présentement et, de l'autre, de façon précise, la situation de vos rêves. Votre subconscient se mettra au travail et fera le reste.

Cette méthode de visualisation que l'on appelle rétroactive est intéressante si, plusieurs mois plus tard, vous comparez les résultats obtenus avec ce que vous désiriez.

☺ Posez des actions en accord avec vos valeurs car celles-ci sont les principales sources de vos bonheurs quotidiens.

☺ Faites le bilan de ce que vous aimez et respectez vos choix.

En rappel...

✔ Comme plusieurs le prétendent, rendre le travail amusant, ce n'est pas être sur le *party* à longueur de journée, mais c'est déployer plus de joie dans sa vie, se sentir mieux avec soi-même, les autres et son entreprise. C'est augmenter sa productivité parce qu'on connaît le bien-être.

✔ Une phrase de l'auteur Paul Wilson est ici très à propos, lorsque vous traverserez des moments difficiles au travail, ARRÊTEZ-VOUS UN PETIT MOMENT, pensez-y : *Faites voler vos soucis en écla...tant de rire.*

✔ L'environnement a un effet important sur le bonheur, travaillez à le rendre agréable.

✔ Afin de conserver votre calme, lorsque vous aurez à prendre des décisions, gardez en mémoire que la vie vous supportera.

✔ Faites toutes les démarches nécessaires afin de ne pas rester malheureux.

✔ Respectez vos choix, c'est très important.

Dorlotez-vous
afin que le stress s'éloigne.

LE RIRE LE MEILLEUR DES MÉDICAMENTS GRATUITS
À prendre AU BESOIN
Dr. I.M. Sourire

Je pige des pensées positives dans ma pharmacie amusante car elles agissent comme un tonique. Ici, la pharmacie TOP NIVEAU l'Apothicaire.

Les pensées positives de l'Apothicaire

À la demande générale, lors de mes ateliers-conférences, les participants désirent recevoir la liste des pensées contenues à l'intérieur de mon amusante pharmacie. Je suis honoré de réaliser que ces personnes sont disposées à apporter des changements dans leur vie en posant des gestes quotidiens comme ceux d'envisager de se servir de phrases motivantes.

- Le premier et le plus important moyen de mettre de l'humour au travail, c'est de m'amuser.

- L'humour aide à me trouver de nouvelles idées pour devenir plus créatif.

- L'humour est le moyen le plus efficace pour résoudre tous mes conflits.

- Mon sourire m'enrichit sans appauvrir celui qui le reçoit.

- En riant, je fabrique des substances bénéfiques à mon bien-être.

- Rire un bon coup, c'est comme une drogue qui fait du bien.

- Je combats le stress en utilisant l'humour.

- Je choisis de m'amuser en travaillant, je satisfais ainsi mes besoins de bonheur.

- J'ai la liberté de choisir : aujourd'hui, je suis une star internationale.

- Le rire, c'est autant pour les jours tristes que les jours heureux.

- Je prends le temps de rire puisque c'est la musique de mon âme.

- Je dois m'amuser, ainsi je fais le plein d'énergie.

- Je fais une erreur! Je deviens bon joueur, car *Noboddy is perfect*.

- Le jeu encourage la production d'idées.

- Lorsque mon horloge s'arrête, je puise l'énergie dans la source du rire.

- Je *JOUE POUR DÉJOUER*.

- Rire sa vie plutôt que de la subir. Quel beau choix!

- Rire et jouer, c'est bon pour les grands enfants que nous sommes.

- Pour le succès au *hit-parade* de ma vie : j'apprends l'humour.

- Tout bouge et tout évolue, alors je m'adapte tout en m'amusant.

- Un sourire ne coûte rien et produit beaucoup.

- L'existence est une célébration, partout il y a du plaisir.

- Avec chacun de mes choix, je crée une oeuvre d'art unique.

- Le rire, c'est un médicament gratuit reconnu scientifiquement.

- La journée sera-t-elle bonne? Oui, car j'en ai décidé ainsi.

- En jouant, je troque le monde de l'avoir pour celui de l'être.

- Avec joie, je prends le train au lieu de rester sur le quai de la gare.

- Je jongle avec la vie, je souris et je m'amuse.

- Aujourd'hui est un cadeau, c'est pourquoi nous l'appelons le *présent*.

- Je peux choisir comment exercer mon métier.

- Je m'offre une bouffée d'oxygène : je ris.

- S'amuser fait partie du langage universel.

- Je laisse libre cours à ma fantaisie, mon imagination, mon esprit d'enfance.

- Arbres, océans, rivières ne sont pas sérieux, je deviens comme eux, en vie!

- Le plaisir est source de créativité.

- Baisse d'énergie? J'illumine ma journée en donnant de l'aide.

- Je ne me prends pas au sérieux.

- Être joyeux, c'est envisager toute possibilité à tout prix.

- Vaincre ma peur, c'est comme trouver l'objet de ma quête, car je peux le faire en m'amusant.

- Je n'ai pas peur de la peur, car la peur m'aide à prendre le taureau par les cornes. Ainsi, je ris et je fonce.

- Celui qui rit vit longtemps.

En rappel...

✔ Je vous encourage à utiliser les pensées positives et à créer vos propres phrases selon vos besoins.

✔ Lorsque vous préparez vos propres phrases positives, je vous incite à «laisser le parent à la porte et à retrouver l'enfant en vous».

Je sors mon propre nez de clown,
le passeport pour toutes les occasions.

Pour désamorcer les conflits,
ouvrez grande la porte de l'imagination.

Créer un univers de possibilités

Même si vous croyez que vous n'avez pas d'imagination, sachez que tout individu en possède. Elle existe et est bien vivante puisque chaque pensée et chaque rêve éveillé ou nocturne est signe de ce glorieux cadeau que vous avez reçu à la naissance : l'**imagination**.

Il nous reste donc qu'à nous en servir pour créer. Bien entendu, des personnages célèbres comme Walt Disney ou Albert Einstein ont su reconnaître et utiliser leur imagination au maximum comme une ressource extraordinaire et une source vive, mais nous pouvons tous exploiter ce don sublime et gratuit qui ne se tarit pas. En nous efforçant d'utiliser de plus en plus notre imagination, avec émerveillement, nous nous assurons de belles et grandes surprises ainsi que des merveilles de créativité. Ce qui est sensationnel, c'est de savoir que nous ne toucherons jamais le fond de la source.

Eckhart Tolle dans son livre *Mettre en pratique le pouvoir du moment présent* écrit qu'il existe un immense royaume d'intelligence au-delà de la pensée et, qu'à l'intérieur, on y trouve la créativité tout comme la beauté, l'amour la joie et la paix.

> *L'imagination est plus importante que la connaissance.* – Albert Einstein

Recettes faciles

Pour tout et en toutes occasions, nous pouvons nous servir de notre imagination pour transformer les circonstances de la vie, pour faire des découvertes au travail, pour créer notre univers.

Famille

☺ Regardez moins la télévision afin d'exercer votre créativité ailleurs. Créez un coin sensationnel dans votre jardin, inventez des jeux par une belle soirée d'hiver, proposez aux membres de votre famille de réinventer les couleurs des pages de cahiers à colorier. Pour l'un, le ciel deviendra émeraude, le gazon pourpre, les nuages verts. Vous y ferez alors des découvertes imaginatives dignes des plus grands inventeurs. Qui sait? Les cinéastes, décorateurs, dirigeants d'agence de publicité ont peut-être débuté par des exercices similaires?

☺ Faites l'exercice suivant : essayez de découvrir à chaque jour quelque chose d'inusité, de nouveau, en goûtant un aliment dont vous ne connaissez pas la saveur. Écoutez de la musique de pays qui vous sont étrangers et laissez-vous charmer en dialoguant plus avec les vôtres.

☺ Découvrez-vous une passion : écrire un roman, faire des collages, vous mettre à la table à dessins, jouer d'un instrument de musique, collectionner des timbres. Je nomme ces périodes : périodes d'incubation, des moments où nos idées mijotent, où nos esprits errent.

ENTRE amis

☺ Voici un jeu amusant à pratiquer à la fin d'un repas. Voici la technique :
1) Proposez une nouvelle vocation à chaque objet que vous choisirez à l'intérieur du couvert à table.
2) Faites circuler chaque pièce parmi les convives.
3) Invitez chacun à réinventer l'objet : l'assiette pourra devenir le volant d'une automobile, un *frisbee* ou une soucoupe volante.

Résultat : C'est fort amusant de transformer les objets et de voir l'imagination de chacun à l'oeuvre.

Travail

☺ Servez-vous de votre imagination pour changer les situations: ce patron grincheux deviendra un père attentif, ce coéquipier orgueilleux se transformera en un humble compagnon qui accepte vos idées sur-le-champ. Je parie que les portraits imaginatifs changeront vos relations pour toujours et que vous saurez bien en rire.

☺ Quel que soit le travail que vous accomplissez, ajoutez de l'imagination à vos connaissances. Les découvertes importantes contiennent toujours une part d'imagination.

☺ Ne censurez rien, sortez toutes vos idées, car ça prend des idées, qu'elles soient bonnes ou mauvaises. Pour sortir de bonnes idées, il faut en sortir de mauvaises. N'avoir que de bonnes idées, c'est impossible. Alors, il faut y aller de toutes les idées.

☺ Au lieu de rencontres traditionnelles, réunissez-vous pour un repas communautaire avec les membres de votre département. L'un apporte une salade, l'autre un dessert et profitez-en pour faire un jeu créatif comme celui dont la technique suit : LE CADEAU IMAGINATIF. Voici la technique :

1) Achetez ou mieux fabriquez un cadeau qui doit être créatif, inspirant, de bon goût faisant grand plaisir à la personne qui le recevra.

2) Emballez-le de façon originale et, si possible, de façon non traditionnelle. Exemple, vous pourriez insérer le cadeau dans un ballon ou utiliser un papier journal avec les résultats de la bourse.

3) Ajoutez une jolie carte ainsi qu'un message de votre cru ou une citation très à propos. Évitez la monotonie.

4) Apportez le cadeau au repas et déposez-le sur une table préparée à cet effet.

5) À l'heure du dessert, faites jouer une musique dynamique.

6) Le meneur de jeu invite les participants à faire circuler l'un des cadeaux.

7) À l'arrêt de la musique, la personne conserve la boîte qu'elle a en mains sans l'ouvrir.

8) Continuez le jeu musical jusqu'à ce que chacun ait un cadeau à ouvrir.

9) Puis, c'est le moment des découvertes durant lequel tous ouvriront leur présent.

Résultat : Le plaisir de donner et de recevoir à travers un exercice de créativité.

☺ Apprenez la respiration créative. Il s'agit de s'ouvrir aux expériences qui viennent de l'extérieur, puis de se refermer sur soi-même pour bien digérer ces informations. Ensuite, se rouvrir. Recommencer le processus et intégrer ce qui vient de l'extérieur à sa propre façon de voir le monde. Se refermer à nouveau. Ouvrir , fermer, ouvrir, fermer...

En rappel...

✔ En utilisant votre imagination, inspirez-vous et n'hésitez pas à impressionner les autres par vos idées et votre audace.

✔ Soyez curieux, plus votre cerveau emmagasine de connaissances et d'images, plus celui-ci fera d'assemblage.

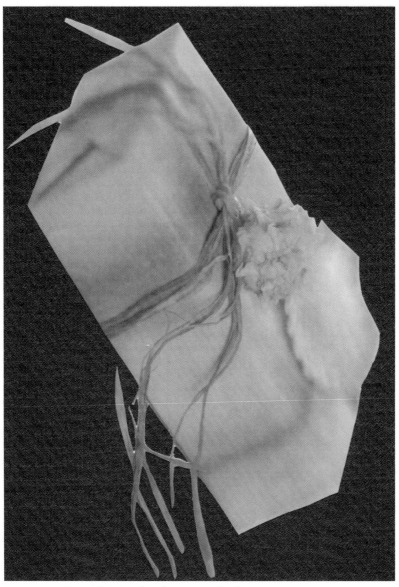

Le plaisir de donner de façon créative!
Troquez du papier peint, le raphia, des coquillages qui
remplaceront le traditionnel emballage.

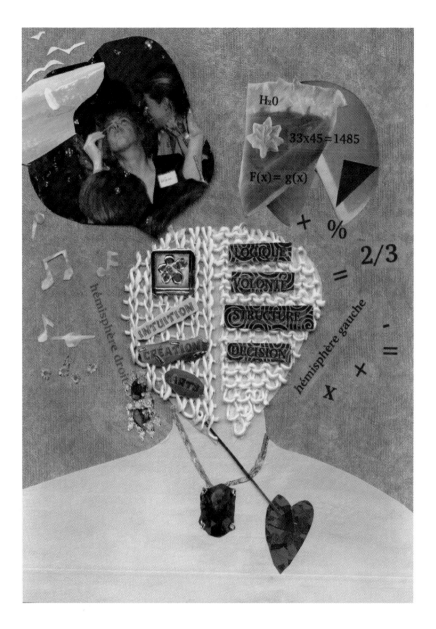

Les idées créatrices naissent de l'imaginaire,
elles donnent naissance à nos visions.

Provoquer des instants
générateurs d'idées créatrices

Le mot provoquer vous fait peur? Il ne le faut pas puisqu'il correspond à des instants magiques pour recharger vos piles, pour éloigner votre stress et pour augmenter votre efficacité. Provoquer oui, mais au sens positif.

Allons nous adonner à un exercice avec des bulles. Nous nous transportons sur une île, une île que nous aurons fabriquée de façon progressive au moyen de papier journal. Sur cette île, créons une ambiance incroyable grâce à des bulles saisissantes qui n'éclatent pas. Ce moment privilégié nous permet de vivre des instants merveilleux qui nous amènent à réfléchir à tous ces petits bonheurs que nous pouvons nous offrir. C'est aussi un excellent tremplin pour faire surgir les bonnes idées de chacun et chacune.

Durant cet exercice, des participants du SPA Eastman ont suggéré de nombreux trucs stimulants à insérer dans leur vie, exemple porter son nez de clown au petit déjeuner du lendemain.

De retour au boulot, un professeur a appliqué la technique du jeu de la laine. À partir d'une balle qui circule, chaque élève coupe un bout de la longueur qu'il le désire, en la tournant sur son doigt, c'est le temps alloué pour répondre à la question : Comment as-tu passé tes vacances?

Pour sa part, la réceptionniste déçue de ses collègues indifférents qui ne la saluaient jamais a décidé de porter son propre nez de clown afin d'attirer l'attention et de stimuler des bonjours de la part du personnel. Elle a transformé la situation.

De tels exemples peuvent se multiplier diront d'autres participants par la magie des odeurs agréables grâce à un diffuseur dans la pièce, des fleurs sur la table de travail, des ambiances musicales.

Le moment magique des bulles est aussi un temps fort pour nous amener à découvrir nos rêves. Il est toujours temps de réaliser ses désirs, peu importe notre âge. Plusieurs personnes à la retraite construisent la maison ou le jardin de leurs rêves. D'autres qui ont une sécurité d'emploi blindée, des amis au travail, un excellent salaire ont le courage de quitter leur emploi pour réaliser leur rêve de partir en affaires. J'ai même déjà rencontré un couple de professionnels âgés de 75 et 85 ans, parents de sept enfants, qui vivaient dans le luxe et qui ont tout vendu pour devenir d'éternels voyageurs.

Toutes vos pauses créatrices possibles deviennent des déclencheurs de bonnes idées afin de générer l'âme d'un projet.

Le choix sous-entend de la conscience,
en degré élevé de conscience.
– Eckhart Tolle

Jouer pour déjouer

Recettes faciles

Sortir du cadre de votre vie habituelle pour quelques instants régénère et encourage la création de projets vers de nouveaux horizons.

Famille

☺ Dans la salle de séjour, au «p'tit coin», au salon, déposez des jeux magnétiques, des billes, des blocs Rubic, des anneaux chinois, des tablettes magiques afin de détourner l'attention du quotidien et, par cet entracte, vous offrir des idées nouvelles.

ENTRE amis

☺ Profitez des talents de l'un ou de l'autre pour maîtriser le yo yo, jongler, pratiquer le aki car, en groupe, c'est stimulant d'apprendre pour ensuite relâcher et produire.

Travail

☺ Ce n'est pas par hasard que les balles anti-stress sont devenues si populaires et si jolies, le besoin était là. Servez-vous en! Utilisez-les pour les autres aussi. Un jour, une infirmière s'est procuré une balle anti-stress sur laquelle sa photo était reproduite. Lorsqu'elle devait donner une intra-veineuse, elle demandait au malade de serrer la balle, de «la serrer». Ainsi, elle réussissait à dé-stresser son patient grâce à cet objet insolite.

☺ Souffler à l'intérieur d'un ballon compte parmi les idées imaginatives pour évacuer le stress. C'est un excellent outil libérateur.

☺ Habituez-vous à donner des réponses imaginatives et inattendues aux questions classiques : *Comment ça va?* Mal. J'arrive de Granby, j'ai acheté le zoo et j'ai besoin d'aide. Je ne suis pas capable de le sortir de mon coffre d'auto.

☺ Commencez à enregistrer des messages téléphoniques humoristiques de votre propre saveur. Servez-vous de votre imagination pour les créer.

En rappel...

✔ Fouillez à l'intérieur de votre imaginaire pour trouver des *stimuli* appropriés aux circonstances que vous vivez.

✔ N'ayez pas peur de vous différencier par vos inspirations.

✔ L'imagination est l'embryon de vos visions, faites travailler vos méninges.

Jouer pour déjouer

Recommandations

Beaucoup de livres et de films ont élargi mes horizons afin de mieux *JOUER POUR DÉJOUER,* c'est-à-dire de renverser la vapeur en toute situation. Certains m'inspirent plus, d'autres sont des outils ou les présents que j'aime offrir.

Outils de travail

Rire pour guérir, de docteur Christian Tal Schaller et Kinou-le-Clown, Éditions Vivez Soleil. Il s'agit d'un ouvrage au service de tous dont le contenu pratique est facilement applicable au quotidien.

L'un de mes gourous, Matt Weinstein, président fondateur de Playfair Inc., fut l'un des pionniers à présenter des programmes innovateurs pour le marché corporatif américain. Annuellement, plus de 400 clients profitent de ses ateliers-conférences. Plusieurs chaînes américaines l'invitent régulièrement à participer aux meilleures émissions de télévision afin qu'il motive les téléspectateurs de façon différente, c'est-à-dire par le jeu. Matt a écrit plusieurs livres dont *Fun Works* qui m'inspire beaucoup. Vous pouvez obtenir la liste de ses livres et les commander par son site Web : http//www.playfair.com.

Patch Adams, M.D. a écrit *Docteur Tendresse — Comment guérir le monde une âme à la fois,* publié par la maison d'édition Alexandre Stanké. À l'exemple de Patch Adams, grand humaniste qui a inspiré le film portant son nom joué par Robin Williams, engageons-nous socialement et devenons des instruments de transformation. Son livre est rempli d'idées à expérimenter.

Pour les gens d'affaires

Fish, Insufflez de l'énergie à votre vie écrit en collaboration avec Stephen C. Lundin, Harry Paul et John Christensen chez l'éditeur Michel Lafond est présentement le numéro 1 en Amérique. À partir de la motivation pour les employés d'un marché de poissons de Seattle, les auteurs ont développé la philosophie *Fish* qui a donné naissance à un film, beaucoup de documentaires et le célèbre livre qui affirme qu'il faut vivre de ses passions et exercer les activités de ses rêves, l'argent suivra immédiatement.

Qui a piqué mon fromage? est un livre particulièrement de notre époque en cette période durant laquelle beaucoup perdent leur emploi ou vivent l'incertitude au travail. C'est à partir d'une fable que le lecteur découvre que tout vient à point à qui sait... *CHANGER.* La Fontaine doit bien se retourner dans sa tombe en ce XXIe siècle.

Plaquette opuscule, environ 8 cm x 8 cm, se glisse bien à l'intérieur de la poche d'un veston ou d'un sac à main, *Le petit livre du calme au travail* de Paul Wilson édité aux presses du Châtelet. À chacune des pages, vous trouverez une pensée inspirante applicable à toutes les situations durant une journée de boulot.

Je rappelle aussi le site Web de Matt Weinstein (http//www.playfair.com) puisque ses livres sont faciles à lire et combien inspirants.

Des cadeaux à offrir et à s'offrir

Voici un livre à saveur humoristique, mais qui fait réfléchir *Le petit livre du stress – Comment réussir son accident cardiaque* édité chez Exley et écrit par Stuart et Linda MacFarlane. C'est tout à fait ce qu'il vous faut pour faire monter votre tension artérielle. Ce livre tourne au ridicule la vie souvent absurde que nous menons. Vous trouverez des conseils tels *On peut éviter la déprime du lundi matin en travaillant sept jours par semaine* ou *Prenez comme résolution de ne pas sourire aujourd'hui.*

Pensez du bien de vous-même par Ruth Fishel M. Ed., C.A.C., Éditeur Motivation. Contrairement au *Le petit livre du stress,* celui-ci porte à réfléchir par des illustrations positives accompagnées d'une phrase valorisante à chacune des pages.

David et Anne Frahm, éditions du Trésor Caché, ont écrit un livre qui fourmille de bonnes idées : *Comment faire l'amour tout habillé.* Voici 101 façons de courtiser son conjoint. Les auteurs vous font découvrir que, contrairement au dicton populaire, ce n'est pas seulement par l'estomac que nous gagnons le coeur de l'autre. Un livre rempli d'idées imaginatives!

Des livres à feuilleter, au «p'tit coin»

Pour un anniversaire extraordinaire, aux éditions Exley, est un recueil de pensées choisies recommandé aux personnes à partir de 60 ans et plus. Il est rigolo et veut faire oublier que nous vieillissons tous et que, finalement, derrière les rides, nous ne changeons pas d'un iota.

Tous, plus ou moins souvent, nous sommes invités à des grands dîners ou à des dîners-conférences, *Rire et sourire aux grands dîners*, toujours chez Exley, le spécialiste des ramassis de pensées drôles relate en humour bien des situations cocasses qui se vivent durant les dîners.

Ces films dont les messages sont gratifiants

Bienvenue à Pleasantville nous projette dans un monde où la fantaisie est complètement absente. Une vie en noir et blanc mais, un jour, deux personnages en couleurs changeront tout de la vie des citoyens de la ville. Le film nous présente alors cette vie en couleurs, celle de ceux qui ont osé faire des changements.

Le jour de la marmotte. S'il ne me reste qu'un jour à vivre, comment aimerais-je vivre cette journée? C'est par la répétition du quotidien que la vedette du film prend conscience qu'elle doit s'intéresser à l'autre et, en s'intéressant à autrui, sa vie commence à se transformer.

Le film *Toys,* en plus d'apporter de la féerie, nous transporte dans un univers où, un jour, la rigidité rencontre la fantaisie. Ce film dont une partie se déroule à l'intérieur d'une usine de jouets nous montre la différence, autant pour les cadres que pour les employés, entre l'atmosphère de la joie au travail et de la pression exercée par la rigidité.

Doux novembre relate la vie d'une jeune femme qui, avant sa mort, s'est donné une mission, celle de transformer les hommes qu'elle va rencontrer. Un jour, un publiciste *workacolique* qui travaille, travaille, travaille, la retrouvera sur sa route, ce qui va totalement changer sa vie. Pour sa part, la jeune dame vivra des moments intenses grâce à la fantaisie, à la créativité et à l'amour du jeune homme dont elle ne croyait et surtout ne voulait pas s'éprendre.

La ligne verte, François le chemin du soleil et *Patch Adams* m'ont aussi bien inspiré et, régulièrement, je trouve des moments pour m'éblouir par ce genre de films qui demeurent toujours très actuels, et ce, malgré l'année de leur production. C'est intéressant, la liste est illimitée et nous pouvons les visionner à volonté.

En rappel...

✔ Finalement, essayez toujours de dénicher le livre ou le film qui va changer votre vie.

✔ N'oubliez surtout pas que présentement vous êtes en train de lire le meilleur livre à recommander : *JOUER POUR DÉJOUER* écrit par Pierre Perreault.

✔ Les réunions entre amis sont passionnantes grâce à des films inspirants qui ont l'avantage de provoquer des échanges.

✔ Les films comptent parmi les outils qui nous recentrent.

✔ Un bon film bien choisi peut devenir une capsule de bonheur, une nourriture pour l'être et l'esprit.

✔ Les livres comme les films peuvent nous ramener à nos origines profondes. Ainsi, nous reconnaîtrons nos forces et nos faiblesses qui deviendront nos forces à condition de les exploiter de façon divertissante. Notre propre loterie, nous l'avons à l'intérieur de nous, servons-nous-en, devenons gagnants.

L'excellence
par la différence

Un tout jeune enfant arrive chez lui en courant et en s'exclamant : *Je suis le plus meilleur, je suis le plus meilleur!* «Le plus meilleur» n'est peut-être pas une expression française très correcte, mais l'image est bien précise.

De nos jours, les enfants sont rapidement envoyés dans la société. Ils quittent le foyer pour le monde extérieur, car papa et maman travaillent. Ils sont devenus les enfants aux petites clés qui, à chaque fin de journée, sont très souvent les premiers à déverrouiller la porte pour ensuite accueillir les parents exténués par une lourde journée de travail.

Les parents et les enfants ont été les plus meilleurs aujourd'hui aux prises avec performance à tout prix. Plus! plus! plus! La machine humaine a fonctionné à plein pouvoir.

Songeons un instant qu'à partir de la maternelle, l'excellence et le succès se définissent par la course aux médailles, aux titres accumulés et à l'argent. En soi, ces trois types de récompenses sont très honorables. L'argent est un excellent moyen de partage qui a le grand mérite d'offrir la liberté. Les titres rehaussent l'estime de soi et la mise en valeur de la personne. Les médailles, surtout pour les athlètes, reconnaissent le fruit d'innombrables efforts. Ces marques d'excellence sont valorisantes, extraordinaires et enviables mais, pour atteindre ses buts, la façon dont on s'y prend porte à réflexion.

Dans plusieurs circonstances, c'est souvent au prix de notre bonheur et de notre qualité de vie que nous cherchons à atteindre l'excellence. Nos valeurs humaines font face à de grandes préoccupations. Nous avons appris à mettre l'accent sur la réussite extérieure. Nous avons un ami qui se nomme Jean Untel, un ami sincère, enjoué, passionné, chaleureux avec qui nous partageons beaucoup, mais nous apprenons à identifier cet ami comme Jean Untel, avocat de la célèbre étude «Bon droit, justice plus» qui défend la célèbre cause XYZ.

L'excellence par la différence,
C'est conserver son sang-froid face à l'adversité.
C'est penser aux autres au travail.
C'est stimuler son imagination en tout temps pour créer et ensuite récolter à profusion.
C'est s'appuyer sur des valeurs humaines vraies telles l'amour pour faire générer la sérénité et la paix autour de nous.
C'est aussi utiliser l'humour au lieu de la haine et, ainsi, changer les ambiances à la maison ou au travail.
C'est vivre selon ses valeurs, le test ultime de la vie.

En ayant plus de plaisir dans notre vie et au travail, nous avançons vers l'excellence et la source du jaillissement des valeurs sûres, le plus meilleur de l'enfant en nous, le plus meilleur qui évolue de façon différente.

Partager l'enthousiasme que notre vie et notre travail deviendront des valeurs ajoutées. – Stephen C. Lundin, Harry Paul, John Christensen auteurs de *Fish*

Recettes faciles

Pour obtenir la recette de la métamorphose, optez tout d'abord pour des changements minimes et réguliers en considérant vos goûts et votre personnalité. Même à dose homéopathique, les résultats vers l'excellence se feront sentir par une grande satisfaction personnelle.

Pour tous et en tout temps

☺ Installez des photos des meilleurs moments de votre vie sur vos murs. Elles vous stimuleront.

☺ Visitez des librairies à la découverte du livre qui transformera vos attitudes.

☺ Rendez-vous visiter les boutiques d'objets inspirants ou de farces afin d'insérer une portion d'humour dans votre quotidien, ce qui multipliera votre bonheur.

☺ Prenez le temps de choisir une jolie balle anti-stress, une tasse drôle pour votre tisane, un cahier de notes personnelles convenant bien au travail que vous exécutez régulièrement.

☺ Tous et chacun, nous pouvons nous observer. Par exemple, lorsque la critique monte, ouvrez la soupape du jeu afin d'apprécier ce qu'en d'autres moments vous auriez critiqué. Faites de même lorsque la morosité s'empare de vous, pensez humour.

☺ Transformez le babillard sombre qui vous déplaît en y épinglant une pensée positive qui sera remarquée par tous ceux qui le consulteront et vous ensoleillerez leurs journées.

☺ Décidez, aujourd'hui, que c'est votre journée SURPRISE et faites un geste comme celui d'apporter des beignes à la réunion du matin. Profitez d'une vente de livres humoristiques pour vous faire une réserve et, au moment opportun, vous en déposez sur les tables de travail. Chez Nortel, des participantes à mes ateliers-conférences profitaient de la Saint-Valentin pour remettre une mascotte miniature MMM et des chocolats aux employés.

☺ Comme les participantes mentionnées plus haut, n'hésitez surtout pas, lorsqu'une idée géniale émerge, mettez-la en application.

☺ Ne vous découragez pas si vos bonnes intentions ne sont pas remarquées, continuez, persistez et les changements se produiront même plus tard.

☺ Rappelez-vous les trois P : **plaisir, passion, performance.**..

En rappel...

' Oui, ce chapitre est un condensé du contenu de mes ateliers et de cet ouvrage puisque, comme au gymnase, il faut se répéter.

Photo : Studio Vicky

✔ Pour propager le virus, que chacun et chacune commencent à effectuer de minuscules changements, un pas à la fois. Il est certain que les bonnes actions renouvelées sont toujours remarquées et provoquent la transformation.

✔ Comme pour un jeu, faites les changements librement, joyeusement et vous atteindrez la différence. Vous aurez *JOUÉ* les meilleures cartes *POUR DÉJOUER* toutes les situations.

Exercices

Partez pour le gymnase, faites travailler vos muscles mais, surtout, respectez-vous. Enfilez votre bonne volonté, équipez-vous d'un grand désir d'apporter des changements et réjouissez-vous : tout ira bien.

Mon cahier de bord

À chaque effort déployé, j'inscris mes observations et mes notes personnelles.

Je sors mon propre nez de clown.

_____

_____

J'envoie des cartes postales que je réalise moi-même avec mes meilleures photos.

_____

_____

J'utilise l'humour pour désamorcer.

_____

_____

Je m'inscris à l'agenda pour un petit tête-à-tête.

_____

_____

J'invente des jeux lors de mes rencontres.

_____

_____

Je choisis un mur de la maison pour y installer les photos de mes meilleurs moments.

_____

_____

J'utilise la taie d'oreiller pour y inscrire des messages sympathiques.

_____

_____

Je propose le jeu de l'ange.

_____

_____

J'introduis des éléments de surprises dans mon quotidien.

_____

_____

Je ris devant mon miroir.

_____

_____

Je transforme les objets usuels.

_____

_____

Je prends l'habitude de visiter les boutiques de farces et attrapes.

_____

_____

Je collectionne les livres à saveur hilarante.

_____

_____

J'apporte des cadeaux amusants lors de visites chez mes amis.

_____

_____

J'invite des amis à des soirées juste pour rire.

_____

_____

Je me fais une Boîte Magique.

_____

_____

Je propage des babillards pour y inscrire des pensées drôles et positives.

_____

_____

Je choisis des moments appropriés et je dévoile des objets inusités.

_____

_____

Je décide d'instituer une journée du rire et de l'humour.

_____

_____

Je suis fier de moi.

_____

_____

Je fais l'exercice de la feuille blanche pour m'honorer.

_____

_____

Je félicite les autres.

_____

_____

J'encourage tous ceux que je côtoie.

_____

_____

Je propose mon aide.

_____

_____

Je m'intéresse aux autres.

_____

_____

J'utilise les mots pour toucher.

_____

_____

J'applaudis, j'offre des ovations.

_____

_____

J'affiche les trucs TOP NIVEAU en vrac pour vivre centenaire et je m'en inspire.

_____

_____

Je demeure positif.

_____

_____

J'évite les personnes négatives.

_____

_____

Je me demande si j'ai une juste vision des choses avant de porter un jugement.

_____

_____

J'utilise la force des pensées positives en tout temps.

_____

_____

Je délègue les tâches qui me paraissent impossibles à réaliser.

_____

_____

Je refuse les tâches que je ne pourrai pas mener à bien.

_____

_____

Si je fais une erreur, je me pardonne.

_____

_____

Je mets de la fraîcheur dans ma vie.

_____

_____

Je m'envoie des images mentales positives de moi-même.

_____

_____

Je me laisse aller à la pensée de bons moments vécus.

_____

_____

Je découvre mes talents de créativité.

_____

_____

Je prends l'habitude d'utiliser des phrases qui me sont agréables «j'aime faire, je désire».

_____

_____

Je me dorlote : un bon bain, une délicieuse collation, un film de mon choix.

_____

_____

J'en parle lorsque je me sens malheureux.

_____

_____

J'ose faire des changements dans la vie.

_____

_____

Je me sers de mon imagination pour changer les situations.

_____

_____

Je me sers de mon imaginaire à l'intérieur de mon travail.

_____

_____

Je propose le jeu du Cadeau Imaginatif.

_____

_____

J'invente à profusion.

_____

_____

Je provoque des instants générateurs d'idées.

_____

_____

Plaisir, passion, performance, les trois P à me rappeler constamment.

_____

_____

Je fais mon kilomètre de plus.

_____

_____

Je suis un passionné, je mords dans la vie à pleines dents.

_____

_____

Je m'offre et j'offre des plaisirs à tous.

_____

_____

Je suis vigilant; la performance est une question d'attitude.

_____

_____

Je me découvre des passions et j'en fais la liste.

_____

_____

J'offre des attentions particulières.

_____

_____

Je chéris mes visions.

_____

_____

Je m'applique à prendre conscience de mon environnement.

_____

_____

J'essaie toujours de dénicher le livre et le film qui m'aideront et me nourriront.

_____

_____

J'excelle de manières différentes et j'inscris ici les trucs que j'utilise.

_____

_____

Je cherche le bon côté des choses.

_____

_____

Mes découvertes personnelles :

_____

_____

_____

_____

_____

_____

_____

_____

_____

_____

_____

_____

_____

_____

_____

_____

_____

_____

_____

_____

J'obtiens des miracles dans ma vie!

Vous pouvez obtenir plus d'informations à propos de Pierre Perreault ou de ses ateliers-conférences en vous adressant à :

TOP NIVEAU
782, Route 243
Racine (Québec)
Canada
JOE 1YO

Téléphone : (819) 826-6533
Télécopieur : (819) 826-6772
Courriel : info@topniveau.ca
Site Web : http//www.topniveau.ca

Louise Plante
et ses illustrations

Mère
Épouse-collaboratrice
Directrice
Artiste

Les illustrations de Louise Plante ont été réalisées à partir de la technique du collage utilisant à la fois le découpage, l'assemblage et le collage des matières.

Le collage est-il un art populaire ou appliqué ou expression artistique? Cette technique non définie et pratiquée depuis le XIIe siècle était constituée de papiers peints surtout aux tons pastel comme la méthode utilisée par Louise Plante pour le présent ouvrage.

Louise Plante a commencé à s'exprimer artistiquement par le collage à des fins thérapeutiques. Au lieu d'utiliser l'écriture, elle a troqué le cahier pour l'album et a débuté la pratique de cet art surtout pour faire de la visualisation, communiquer ses sentiments, retrouver un certain équilibre. Par le collage, elle a éliminé la frustration de ne pouvoir peindre comme elle le souhaitait. Plus tard, elle évolue par la réalisation de tableaux et cette expression est devenue son art, son moyen de transformation personnelle.

Dans le cas présent, elle manipule le ciseau, le bâton de colle, le rouleau, les magnifiques papiers texturés, la photographie. Dans ce bouquin, les sujets qui l'inspirent à partir de revues et de beaucoup d'imagination appuient l'aspect humoristique et caricatural à l'intérieur du livre *JOUER POUR DÉJOUER.*

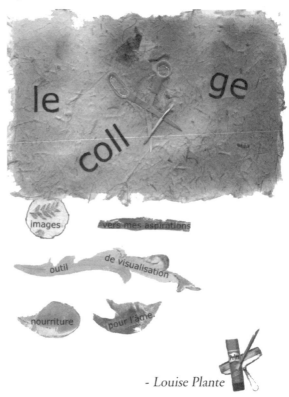

le collage
images
vers mes aspirations
outil de visualisation
nourriture pour l'âme

- Louise Plante

Pierre Perreault

Pédagogue de formation, Pierre Perreault a été responsable de la vie sociale dans une polyvalente durant cinq ans. Ce cheminement, les nombreuses formations acquises durant cette période, son passage performant au sein des Toastmaster International l'amènent à fonder sa propre compagnie d'organisation d'événements.

Parallèlement, Pierre Perreault donne des ateliers-conférences au SPA Eastman depuis 1989. Orateur dynamique et énergique, au fil du temps, il développe son atelier «Le Super brise-glace».

S'appuyant principalement sur le jeu, le plaisir et la performance, ce communicateur formateur crée un programme innovateur qui fait vivre des expériences à ses participants au lieu de se limiter à l'écoute. Sa formule TOP NIVEAU est unique.

La gestation continue, les apprentissages au Canada et aux États-Unis aussi. «Rire, stress et estime de soi»,

Jouer pour déjouer

«Rendre le travail amusant» et «Créer un univers de possibilités» naissent. La passion monte chez les participants qui adorent la formule et reconnaissent les bienfaits du plaisir et de l'humour. Ils en redemandent.

Pierre intervient auprès de centaines de clients de tous les milieux : affaires sociales, santé, grandes entreprises, associations, regroupements. À l'occasion, il adapte sa formule pour les besoins de l'entreprise. Son virus se propage et sa philosophie «le plaisir de travailler favorisant l'émergence du potentiel créatif» aussi.

Sommaire

Avant-propos 7

Les trois P 10

Le Super brise-glace 14

Le rire inhibiteur du stress 22

L'estime de soi 33

Rendre le travail amusant 43

Les pensées positives de l'Apothicaire 53

Créer un univers de possibilités 59

Provoquer des instants générateurs d'idées créatrices .. 67

Recommandations 71

L'excellence par la différence 77

Exercices 82

Louise Plante et ses illustrations.................. 92

Pierre Perreault 94